Martina Dannheimer

1 Tag in Sanremo –
Martinas Kurztrip an die ligurische Riviera

AF140296

Bibliografische Information der Deutschen Nationalbibliothek:

Die Deutsche Nationalbibliothek verzeichnet diese Publikation in der Deutschen Nationalbibliografie; detaillierte bibliografische Daten sind im Internet über http://dnb.d-nb.de abrufbar.

Impressum:

Lektorat: Peter Schmid-Meil, Caroline Schnitzer

Copyright © 2018 GRIN & Travel

Ein Imprint der Open Publishing GmbH

Die Lust an Städtereisen

„Nicht nur lange Reisen machen Spaß", das ist das Motto, nach dem ich lebe und mit dem ich meine Reiselust stille. Mit meinen Berichten „1 Tag in …" möchte ich zu Kurztrips inspirieren, aufzeigen, was man alles an einem Tag erleben kann, oder einfach nur unterhalten. Hier gibt es jede Menge Tipps und Karten zum Nachmachen für alle, die wenig Zeit zum Reisen haben, oder deren Geldbeutel – wie meiner – nicht endlos gefüllt ist.

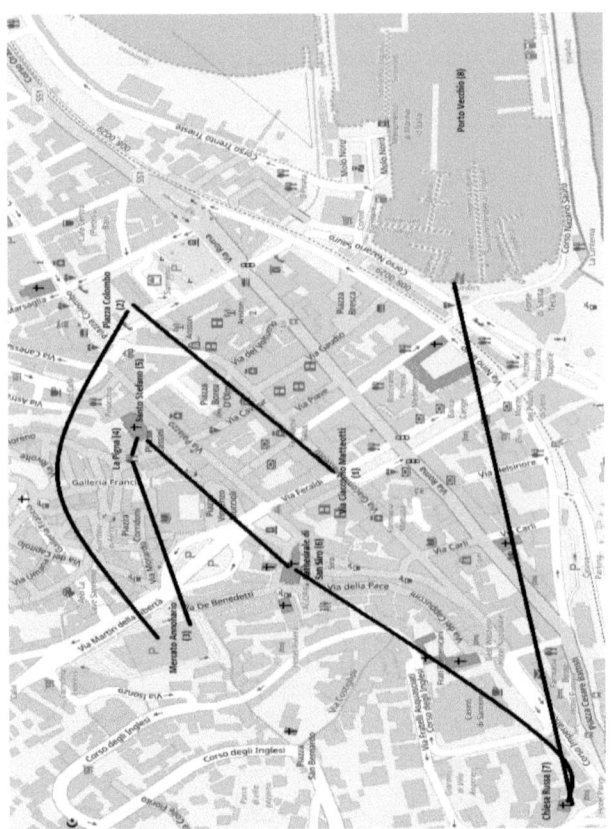

Sanremo-Route Teil 1. Quelle: OpenStreetMap und Mitwirkende, CC BY-SA

Sanremo und Meer – here I come!

Es war wie ein Befreiungsschlag. Als ich in Nizza aus dem Flugzeug stieg, sah ich blau. Einen Himmel ohne Wolken. Es stürmte, aber ich empfand es nicht als unangenehm. Anders als in Hamburg fühlte sich der Wind nicht wie ein Hagelschlag ins Gesicht an. Gerne wäre ich ein bisschen in Nizza geblieben, die Stadt steht schon lange auf meiner Bucketlist. Doch ich wurde am Flughafen abgeholt. Kaum verließ ich den Sicherheitsbereich, sichtete ich den Herrn mit Schild. Mrs Dannheimer bin ich, jawohl! Ruck, zuck hockte ich in der schwarzen Limousine und verschwendete keinen Gedanken mehr an Nizza. Frankreich musste noch eine Weile warten. Ich war nun erst einmal mit Ligurien beschäftigt.

Nach einer knapp 30-minütigen Fahrt hatten wir die Grenze nach Italien überquert. Fasziniert schaute ich aus dem Fenster. Zum blauen Himmel gesellte sich das Meer, in derselben fantastischen Farbe. Schnell ein Foto bei Facebook posten. Meine Freunde sollten sich ja mit mir freuen. Nach nicht mal einer Stunde erreichten wir das Hotel.

Der Blick aufs Meer

Fast ein bisschen nervös kletterte ich aus dem noblen Wagen. Nachdem mein Chauffeur mir die Tür geöffnet hatte. An solche Gesten musste ich mich erst gewöhnen, es war mein erstes Mal in einem Fünf-Sterne-Haus. Nach einem herzlichen Empfang durch meine Gastgeberin Monika und einem netten Plausch samt Cappuccino betrat ich meine Suite. Mein Koffer wartete dort bereits auf mich. Auf dem Tisch entdeckte ich einen Obstkorb nebst flüssiger Köstlichkeit und einem persönlichen Anschreiben. Wie angewurzelt blieb ich stehen. Und überlegte. Was kann ich machen, um berühmt zu werden. Dann dürfte ich vielleicht dauerhaft in so einer Behausung leben. In Sekundenschnelle ratterten verschiedene Ideen durch mein Hirn. Dass mir nichts Erfolgsversprechendes einfiel, könnte auch am Ausblick aufs Meer gelegen haben. Schnurstracks stürmte ich auf meinen Balkon, hielt es dort aber nicht lange aus. Denn ich musste raus, sofort. Das Meer rief mich, und ich folgte artig. Meeeeer, hach, wie hatte ich es vermisst. Mein letzter Aufenthalt in unmittelbarer Strandnähe war fast vier Monate her.

Im Hotel

Buongiorno, flötete ich und ging durch die Drehtür nach draußen. Ich hatte schon befürchtet, die Mitarbeiter eines Luxushotels sind stocksteif. Ein Irrglaube. Vielmehr war ich echt begeistert von deren Herzlichkeit. Meine Glücksgefühle hatten also Fahrt aufgenommen und waren auf dem besten Wege zu explodieren. Denn nur ein paar Meter vom Hotel entfernt begann die Promenade und diese, klar, verlief parallel zum Meer. Der Wind wollte mich wohl ebenfalls beeindrucken und stand dem Kollegen in Nizza in nichts nach. Da ich Sturm von Hamburg gewohnt bin – bei satten 20 Grad weniger –, war ich dennoch höchst entspannt. Meine Haare wirbelten um mein Gesicht, zum Kämmen brauchte ich später wohl eine Wurzelbürste. Wurscht. Meine Mama frisierte mir schon im Kindesalter äußerst unsanft die Haare, somit habe ich eine Hornhaut auf dem Kopf. Apropos Mama. Euphorisch rief ich zuhause an und hielt den Hörer gen Meer. „Hörst du das?", brüllte ich mit Leibeskräften. Schließlich sollte mein Glücksgefühl bis ins Allgäu dringen. Der Wellengang war einfach gigantisch. Ich genoss dieses Naturschauspiel so sehr und spazierte noch eine gefühlte Ewigkeit am Wasser entlang. Irgendwann siegte meine Neugier. Ich wollte wissen, was sich alles in der Altstadt verbarg. Ehrlich gesagt kannte ich Sanremo überhaupt nicht. Ich wusste, dass es dort ein berühmtes Casino gibt. Und dass jede Woche Busse von meiner Heimat, dem Allgäu, an die Blumenriviera fahren/pendelten. Da mich Busfahren ähnlich begeistert wie Bahnfahren, nahm ich diese Option nie wahr.

Stürmischer Empfang

Mehr Meer

Monika markierte im Stadtplan die zwei Haupt-Einkaufsstraßen. Möglicherweise hätte ich sie selber ruck, zuck gefunden. Denn trotz meines mangelhaften, nicht vorhandenen Orientierungssinns ziehen mich Shoppingmeilen magisch an. Ob leider oder zum Glück bleibt dahingestellt. Anstatt um eine Antwort kümmerte ich mich um die Via Giacomo Matteotti (1). Die Fußgängerzone war größenmäßig nicht vergleichbar mit der von Mailand oder Barcelona, ich bekam trotzdem schweißnasse Hände. Weil sich ein Geschäft an das nächste reihte. Und, was mich höchst erfreute, bis auf wenige Ausnahmen waren es nicht die üblichen Stores. Ich traf hier tatsächlich auf Boutiquen, deren Namen ich niemals zuvor gehört hatte. Wieder einmal fühlte ich mich bestätigt: In Italien gibt es die besten Klamotten, Taschen, Schuhe, und das leckerste Essen. Aber allen voran: EIS. Und jawohl, genau das gönnte ich mir jetzt. Staunen macht schließlich hungrig. Es war warm genug, um mich auf einer Bank niederzulassen. Natürlich war ich nicht die Einzige, die eine solch grandiose Idee hatte. Auf der Piazza Colombo (2) hockte halb Sanremo, mutmaßte ich. Tatsächlich hatte ich bislang noch kein deutsches Palaver vernommen. Was daran liegen mochte, dass Vorsaison war. Eine von mir geschätzte Reisezeit. Okay, das Wetter zeigte sich vielleicht unbeständiger und einige Geschäfte und Restaurants waren geschlossen. Doch damit kam ich klar. Weil ich eh selten essen gehe, störte mich Letzteres erst recht nicht.

Skulptur am Corso Augusto Mombello – zwischen Hafen und Altstadt

Via Giacomo Matteotti

An der Piazza Colombo

Mercato Annonario (3)

Apropos Essen. Ich hatte exakt 34 Minuten Zeit, um den Mercato Annonario zu besuchen. Der örtliche Obst- und Gemüsemarkt öffnet täglich,
außer sonntags, von 6 bis 13.30 Uhr seine Pforten. Am Samstag zusätzlich
von 16 bis 19.30 Uhr. Da wir heute Mittwoch und 12.56 Uhr hatten, musste
ich mich sputen. Ein Stück ging ich über die Via Palazzo, wo ich mich ge-
gen die Verlockungen unzähliger Shops wehrte. Rechts bog ich schließlich
ab, über die Piazza Muccioli bis hin zur Piazza Mercato. Monika warnte
mich vor, die Halle des Mercato Annonario sähe hässlich aus. Womit sie
Recht hatte. Im Inneren änderte sich das allerdings schnell. Nicht, dass das
Gebäude nun zum optischen Leckerbissen mutierte, aber die zahlreichen
farbenfrohen Stände waren eine Pracht. Allein schon die Optik hätte mich in
einen Sinnesrausch versetzt. Ich entdeckte kugelrunde Auberginen, grün-
weiß gesprenkelte Zucchini und sattrote Riesentomaten, die bestimmt sowas
von tomatig schmeckten. Im Vergleich zu der Gewächshausware aus heimi-
schen Supermärkten war das regelrecht ein Paradies. Mich überfielen Emo-
tionen, die mir in Italien äußerst vertraut waren. Man nennt sie auch Shop-
ping-Gelüste. Da fünf Kilo Gemüse genauso mein Handgepäck sprengen
würden wie ein paar olive-farbige Peeptoes, verzichtete ich zerknautscht.
Musste die köstliche Ware eben in fotografischer Form mit. Während ich
mich vor den Artischocken verrenkte – auch Gemüse will gut getroffen sein
-, erklärte mir der freundliche Gemüsehändler die Vorzüge dieser grünen
Knolle. Also, ich nahm an, dass er mir dies erklärte. Aufgrund meiner
schlechten Italienisch-Kenntnisse verstand ich nur Bruchstücke. Während
ich mir mal wieder fest vornahm, selbiges enorm zu verbessern, setzte sich
der lustige Herr in Szene. Meine Bitte nach einem Foto wurde erhört. „You
can post it on Facebook", schlug er mir netterweise vor. Davon kannst du
ausgehen, dachte ich mit einem breiten Grinsen. Was mich hingegen nicht
wirklich zum Schmunzeln brachte, war die Tatsache, dass auf der Piazza
Mercato zweimal pro Woche ein weiterer Markt stattfand. Jeden Dienstag
und Samstag. Zu den Auberginen und Äpfel im Inneren gesellen sich vor
der Halle Schuhe, Taschen, Klamotten & Co. Jede Menge Händler bieten
ihre geniale Ware feil, der Markt ist weit über die Grenzen Sanremos be-
kannt. Ich war jedenfalls von Dienstag, pünktlich nach Marktschluss, bis
Donnerstag vor Ort und der Schnappatmung nahe. Weitere Gedanken dazu

verbot ich mir. Vielmehr beschloss ich, bald wieder hierher zu kommen, ha, und meine Marschroute fortzusetzen.

Mercato Annonario

La Pigna (4)

Piazza Cassini

Ich bummelte wenige Meter auf der Via Palazzo, ehe ich nach rechts schwenkte, in Richtung Piazza Cassini. Ich befand mich nun in La Pigna, Altstadt und Ur-Herz der City. Während ich mich durch die verwinkelten Gassen bewegte, erspürte ich das echte, alte Sanremo. Keine Spur von Glamour oder Moderne. Viele Häuser glichen schon fast einer Baracke. Von den Außenwänden bröckelte der Putz, große Löcher zierten zahlreiche Fassaden. Für meine Streetart-Sammlung eine wahre Fundgrube. Denn an allen Ecken sichtete ich Graffitis, mal kunstvoll, mal einfach nur abstrakt und bunt. Einige Inschriften deuteten auf verlorene Liebschaften hin. Besonders beeindruckt war ich von der Rivolte San Sebastiano, einer Straße, die einer Unterführung glich. Tageslicht drang kaum ein, ein paar Lampen leuchteten mir den Weg. Ich glotzte in ein Fenster und entdeckte einen Friseur bei der Arbeit. Nie im Leben hätte ich hier einen Salon vermutet. Bei meinem Spaziergang durch La Pigna war ich immer wieder überrascht. Da eine kleine Galerie, dort eine Spaghetteria, umrahmt von diesen uralten, renovierungsbedürftigen Häusern. Auf einmal stand ich in einem Innenhof. Bis auf zwei junge Männer, die auf einer Mauer lungerten, sah ich weit und breit keinen Menschen. Mein Puls raste, was nicht an der Steigung lag, die ich gerade zurücklegte. La Pigna ist nämlich bergig. Nein, es war irgendwie unheimlich und gleichzeitig faszinierend. Mutig knipste ich all die Street Art Kunstwerke, von denen sich eins an das andere reihte. Endlich lief ein junges Pärchen vorbei. Ich atmete entspannt durch. Wahrscheinlich war ich eh grundlos nervös. Eine ganze Weile schlenderte ich noch durch diese historische Altstadt, war total begeistert. An der Piazza Cassini machte ich eine längere Rast. Um mir die Barock-Kirche Santo Stefano (5) zu Gemüte zu führen. Und um Leute zu beobachten, eines meiner Hobbys.

La Pigna

Ich kehrte auf die Via Palazzo zurück. Auch wenn ich erst abends shoppen wollte, spitzte ich in ein paar Geschäfte. Schilder mit „Tutti per 10 Euro" – an einem Schuhgeschäft – konnte ich wohl kaum ignorieren. Die Via Palazzo gefiel mir aber nicht bloß wegen der Stores. Es ist mehr eine Gasse denn eine Straße, aber eine mit einem ganz besonderen Charme. Es waren viele Menschen unterwegs, Stress und Hektik waren dennoch nicht zu spüren. Die Auslage einiger Läden war bunt und voll. Was es alles zu kaufen gab, ließ sich nur durch ausgiebiges, nennen wir es mal „Recherchieren im Inneren", ergründen. Da im Konkurrenzkampf Sonne versus Shopping doch die

Sonne siegte, verbrachte ich den restlichen Nachmittag freiwillig unter freiem Himmel. Ich machte einen kurzen Abstecher zur Cathedrale San Siro (6). Kirchen gehörten zum Sightseeing irgendwie dazu, vor allem in Italien. Ich begutachtete die imposante Optik aus weißem Kalkgestein. Das romanisch-gotische Bauwerk stammt aus dem 12. Jahrhundert. In unmittelbarer Nähe traf ich dann gleich auf das nächste Gotteshaus, die Chiesa dei Cappuccini. Ich gestehe aber, dass ich etwas abgelenkt war. Denn nebenan prangt das Casino. Ein Prachtkomplex in gigantischer Lage. Vom Casino aus lässt sich ein Blick aufs Meer genießen. Selbst wenn man alles verzockt, dürfte das Erlebnis angenehm sein. Ich wollte mein Glück allerdings lieber auf zwei Rädern versuchen. Vorher vollendete ich allerdings meine Kirchen-Trilogie mit einem Kurzbesuch der Chiesa Russa (7), eine russisch-orthodoxe Kirche. Die wunderschöne Optik mit ihren Zwiebeltürmen erinnerte mich an die Basilius-Kathedrale in Moskau oder das indische Taj Mahal.

Cathedrale San Siro

Bummel durch die Innenstadt

Chiesa dei Cappuccini

Casino

Chiesa Russa

Ich kramte in meiner Handtasche nach einem Voucher. Monika hatte ihn mir bei unserem Begrüßungsgespräch geschenkt. Ich durfte mir bei NoloBi-ci ein Fahrrad ausleihen. Denn Fahrradfahren war in Sanremo ein Muss. Weil die Gegend dazu einlädt und weil es in Sanremo diesen berühmten Fahrradweg gibt. Jeder erzählte mir hier von der Pista Ciclabile, die Ein-heimischen sind stolz auf sie. Was früher eine Eisenbahnstrecke war, dient heute als knapp 25 Kilometer lange Radlermeile. Von San Lorenzo al Mare nach Ospedaletti. Ich schnappte mir also ein Bike. Obwohl der Herr am Fahrradverleih bloß Italienisch sprach, klappte unsere Kommunikation. Mit Parka und Boots thronte ich im gemütlichen Sattel und trat gen Nachbarort Ospedaletti in die Pedale. Die Pista Ciclabile verfügt über drei Spuren. Eine für mich, eine für den Gegenverkehr. Eine Dritte ist Fußgängern vorbehalten. Meine erste Fahrradtour des Jahres, hach, das schmeckte nach Sommer. Die Begegnung mit Palmen, Kakteen und den ersten Blumen verstärkte dies. Ich versuchte, mich selbst beim Radeln zu fotografieren. Eher schwierig. Bevor es mich vom Drahtesel semmelte, knipste ich lieber nur meinen rechten Fuß auf dem Pedal. Als Erinnerung und Beweis für meine sportliche Aktivität reichte es allemal.

Nach Ospedaletti schaffte ich es leider nicht. Wer sich jetzt ins Fäustchen lacht, nein, das hatte nichts mit mangelnder Kondition zu tun. Der Herr vom Fahrradverleih legte mir nahe, dass ich in „un'ora" wieder zurück sein müsse. Artig wie ich bin, befolgte ich natürlich diese Order. Und da ich noch in die andere Richtung zum Hafen wollte, kehrte ich rechtzeitig um.

Am Porto Vecchio (8) reihte sich ein Boot an das nächste. Dafür, dass Sanremo eine recht noble Adresse ist, empfand ich die Atmosphäre als sehr entspannt. Locker. Kein übertriebener Schickimicki-Faktor. Der Wohlfühl-Faktor hingegen, der war umso höher.

Auf der Pista Ciclabile

Botanik

Laufsteg zum Meer

Strand

Il Porto Vecchio

Mein Fazit

Sanremo ist das beste Beispiel dafür, dass sich nicht nur die großen Metropolen für einen Städtetrip anbieten. Gutes Schuhwerk mitnehmen, denn die Stadt und ihr Flair erkundet man am besten zu Fuß. Für den Citybummel reicht ein Wochenende aus, doch ein Sanremo-Trip sollte unbedingt durch eine Radtour, einen Bootsausflug oder eine Weiterreise an der ligurischen Küste ergänzt werden.

Meine Bewertung:

Sightseeing:

Verkehrsmittel:

Essen & Trinken:

Shopping:

Links zu Sanremo

Sanremo: http://www.reise-nach-italien.de/sanremo.html

Mercato Annonario: http://sanremoguide.it/de/nutzliche-infos/offnungszeiten/

La Pigna: http://sanremoguide.it/de/die-stadt-san-remo/kunst-und-kultur/la-pigna-3/

Bildnachweis

Alle Bilder innerhalb dieses Buches stammen von:

•Martina Dannheimer

•OpenStreetMap und Mitwirkende, CC BY-SA

•jara3000:

http://www.shutterstock.com/pic-132687290/stock-vector-high-heel-shoes-silhouette.html?src=csl_recent_image-1